BEI GRIN MACHT SICH IHR WISSEN BEZAHLT

David Jugel

Die Rolle von Gesprächen im Unterricht

Am Beispiel der Pro-Contra-Debatte als Methode der politischen Bildung

GRIN Verlag

Bibliografische Information der Deutschen Nationalbibliothek:

Die Deutsche Bibliothek verzeichnet diese Publikation in der Deutschen National-
bibliografie; detaillierte bibliografische Daten sind im Internet über http://dnb.d-
nb.de/ abrufbar.

Impressum:

Copyright © 2009 GRIN Verlag, Open Publishing GmbH
Druck und Bindung: Books on Demand GmbH, Norderstedt Germany
ISBN: 978-3-640-82235-5

Dieses Buch bei GRIN:

http://www.grin.com/de/e-book/166118/die-rolle-von-gespraechen-im-unterricht

**TECHNISCHE
UNIVERSITÄT
DRESDEN**

Philosophische Fakultät

Seminar: **Unterrichtsverfahren im Fach Gemeinschaftskunde**

Sommersemester 2009

Seminararbeit zum Thema:

„Die Rolle von Gesprächen im Unterricht"

Vorgelegt von:	**David Jugel**
Studiengang:	Lehramtsbezogener Bachelor-Studiengang
	für Allgemeinbildende Schulen
	Geschichte
	Gemeinschaftskunde/Rechtserziehung/Wirtschaft
Datum:	10.08.2009

Inhalt

1. Einführung

„Eine bedeutsame Rolle für den Wissenserwerb spielt die Sprache. In ihr manifestiert sich gesellschaftliche Wirklichkeit und durch sie erhält Gesellschaft den logischen Anschein von Realität". (vgl. Peterßen 2001, S.108) So beschreibt Peterßen in seinem Lehrbuch für allgemeine Didaktik eine der Grundlagen zur Konstruktion von Wirklichkeit und Realität im menschlichen Bewusstsein im Sinne der konstruktivistischen Didaktik. Nicht nur dieses didaktische Modell weißt der Sprache als Träger von Information und einem Mittel der Kommunikation einen hohen Wert zu.

Sprache ist daneben zweifelsfrei eine der bedeutendsten Elemente menschlich-gesellschaftlichen Handelns. Im Unterricht, als Zustand und zugleich Spiegel von Gesellschaft, kann der Sprache keine mindere Rolle zufallen. In welcher Art Sprache und Gespräch im Unterricht in Erscheinung tritt, soll Anliegen dieser Arbeit sein. Dazu wird das Phänomen des Gespräches analytisch aufgeschlüsselt und dargelegt, um anschließend mit Hilfe der Erkenntnis über dessen Struktur die spezifische Form und Bedeutung im Unterricht nachzeichnen zu können. Besonderes Augenmerk soll hierbei auf den Nutzen des Gespräches für die politische Bildung im schulischen Rahmen gelegt werden. Aus der Einsicht der Struktur und der Bedeutung heraus wird untersucht werden, mit Hilfe welcher von Gesprächen abhängigen Indikatoren sich die Qualität von Unterricht und Politikunterricht verbessern lässt. Dafür werden zum einen Typologien von Gesprächsformen betrachtet und zum anderen der Wert einer Methode für das Lernen in Gesprächen, welche sich vor allem im Gemeinschaftskundeunterricht anbietet, überprüft.

Die Fachliteratur bietet zu diesen Fragen zahlreiche Informationen. Die vorliegende Arbeit fußt und stützt sich dabei stark auf die Thesen von Gudrun Ritz-Fröhlich aus ihrer Arbeit „Das Gespräch im Unterricht" (vgl. Ritz-Fröhlich 1982) und für die fachdidaktischen Argumente vor allen auf die Arbeiten von Peter Massing und Sibylle Reinhardt sowie für die Beschreibung der Methode auf jener von Hans-Werner Kuhn und Markus Gloe. Dabei erhebt die vorliegende Arbeit im qualitativen und quantitativen Rahmen der Vorgaben zwar keinen Anspruch, als wissenschaftliche Neuerkenntnis zu gelten, ferner erhebt sie jedoch Anspruch auf die Eigenständigkeit ihrer Argumentationsstruktur und die daraus gezogenen Schlussfolgerungen.

2. Auseinandersetzung mit den Begriffen „Gespräch" und „Unterrichtsgespräch"

Kommunikation versteht sich als intendierte Verständigung zwischen Menschen in sozialen Situationen und gesellschaftlichen Institutionen (vgl. Ritz-Fröhlich 1982, S.11f). Findet diese Kommunikation durch das differenzierte Medium der Sprache statt, spricht man von einem Gespräch. Unterricht ist eine solche soziale Situation, welche in der gesellschaftlichen Institution Schule stattfindet. Die Intention dabei ist hauptsächlich die Aneignung von Wissen und Kompetenzen. Gespräche sind folglich ein Medium des Unterrichts, welche als Träger von Sinndeutungen und Informationen fungieren.

Gespräche haben im allgemeinen Sinne drei Grunddimensionen[1]. Zunächst die Akteursebene, welche zum einen die Teilnehmer in ihrer wechselnden Position als Sprecher und Zuhörer einschließt und zum anderen die Beziehung, welche zwischen den Akteuren herrscht, beinhaltet. Die zweite Dimension ist die Gegenstandsebene, welche durch Inhalt, Themen, Sachverhalte und Probleme charakterisiert ist. Neben diesen beiden Ebenen besteht noch die Ebene der Redeform, welche von den Teilnehmern des Gesprächs in Abhängigkeit der Beziehung, des Inhaltes und der Situation stattfindet. (vgl. Ritz-Fröhlich 1982, S.15f)

Nun gibt es Gespräche auch im Alltag, Gespräche unter Freunden, Plauderei, „Laberei" oder nur die einfache Unterhaltungen. All diese Gesprächsformen weisen die drei Dimensionen von Gesprächen auf. Wie hebt sich jedoch das Gespräch im Unterricht im Allgemeinen von solchen alltäglichen Gesprächen ab? Betrachtet man die drei Dimensionen bezüglich des Unterrichtsgesprächs im Vergleich zu den anderen Formen zeigt sich eine gewisse Ausbalancierung und Bedingtheit der Ebenen. Treffend findet sich eine Darstellung dessen in der Definition von Sibylle Reinhardt: „Unterrichtsgespräch ist eine impulsgesteuerte und breitrahmig strukturierte Kommunikationsform, in der die Lernenden selbsttätig, kooperativ und ertragreich einen Gegenstand (Thema, Material, Problem Eigenerfahrungen u.a.m.) im Medium des sprachlichen Austauschs bearbeiten. Dieses Unterrichtsgespräch ist zugleich strukturiert und offen (der Widerspruch ist pädagogisch konstitutiv): Der Lehrer klärt einen

---

[1] hier eingeführte Kategorien zur analytischen Bearbeitung des Begriffes „Gespräch". Ritz-Fröhlich benennt äquivalent die Faktoren a) Rednerpartner b) Themen c) Redeformen (vgl. Ritz Fröhlich 1982, S.15f)

Rahmen (z.B. Fach, den Gegenstand, die interaktive Struktur) und regt durch Impulse (Anstöße) und – wenn nötig – auch durch engere Fragen an. In diesem Rahmen und mit dieser Hilfe kommunizieren die Lernenden selbstständig und produktiv." (Reinhardt 2000, S.199)

Schlüsselt man diese Definition nach den drei Dimensionen auf, erschließen sich auf der Akteursebene die Lehrenden und die Lernenden, auf der Gegenstandsebene das Thema, das Material etc. und auf der Ebene der Redeform die impulsgesteuerte und breitrahmig strukturierte Kommunikationsform, in der die Lernenden selbsttätig, kooperativ und ertragreich interagieren.

Alle diese Dimensionen sind für das Unterrichtsgespräch immanent und in ihrer Bedeutung gleichberechtigt, wobei in alltäglichen und außerschulischen Gesprächsformen oftmals eine der Ebenen in den Hintergrund rückt bzw. spontan oder zufällig entsteht. Man kann also von situativen Rahmenbedingungen in außerschulischen Gesprächen ausgehen (Ritz-Fröhlich 1982, S.17), wohingegen bei Unterrichtsgesprächen abhängige Rahmenbedingungen (bestimmte Inhalte, bestimmte Zielsetzungen und bestimmte Methoden) vorliegen.

3. Bedeutung von Gesprächen im Unterricht und in der politischen Bildung

Betrachtet man die Bedeutung von Gesprächen im Unterricht, fällt bald auf, dass sie nicht nur Medium des informellen und kommunikativen Austauschs sind, sondern auch als Methode das Ziel sprachlicher Kompetenz (vgl. Massing 2005, S.501) und Kommunikationsfähigkeit (vgl. Ritz-Fröhlich 1982, S.13) haben. Sprachliche Kompetenzen sind dabei als rhetorische Fähigkeiten, Begriffs- und Anwendungskenntnisse zu verstehen. Kommunikationsfähigkeiten beschreiben solche Kompetenzen, die eine konfliktfreie Gesprächsbeziehung ermöglichen. Dies bedeutet keineswegs, dass die Inhaltsebene des Gesprächs konfliktfrei bleibt, jedoch, dass die Teilnehmer auch bei inhaltlichen Konflikten eine angemessene Gesprächskultur wahren.

Sprachliche und Kommunikative Kompetenzen ermöglichen wiederum die Konstruktion von Unterrichtsinhalten bzw. erleichtern die Vermittlung derer und werden somit Voraussetzung für effektives Lernen[2].

Im Politikunterricht als schulisch institutionalisierte Form der politischen Bildung, kommt dem Gespräch neben den eben erwähnten Funktionen (Inhaltsvermittlung, Entwicklung sprachlicher und kommunikativer Kompetenzen) eine vierte Bedeutung zu, welche sich stark an die kommunikativen und sprachlichen Kompetenzen anschließt. Geht man davon aus, dass die Vermittlung von Demokratie als ein Hauptgegenstand der politischen Bildung ein Prozess des Interessenausgleichs ist, dann findet ein solcher vor allem durch die spezielle Form des Diskurses statt. Höller stellt fest: „Demokratie ist Diskussion" (Höller 1973, S.9). Er schlussfolgert daraus, dass die Jugend als Träger des demokratischen Staates von morgen in die Lage versetzt werden müsse, Meinungsfreiheit zu verinnerlichen und selbst Stellung nehmen zu können (vgl. ebd).

Sprache und Gespräche sind im Politikunterricht also nicht nur Methode oder Ziel, sondern auch Inhaltsgegenstand. Soll ein Schüler politische urteilsfähig sein, muss er zum einen in der Lage sein, politische Prozesse und Aussagen zu verstehen und nachzuzeichnen. Dies ergibt sich aus seiner individuellen Perzeptionsleistung, die auf seinen angeborenen und biografisch-sozialisierten kognitiven Möglichkeiten beruht. Zum anderen muss er in der Lage sein, ein sich selbst gebildetes Urteil auf einem angemessenen sprachlichen Ausdrucksniveau wiederzugeben, das durch seine sprachlichen Kompetenzen bestimmt ist. Massing folgert daraus, dass eine Erhöhung des Sprachniveaus eine Verbesserung des „politischen Denkens" nach sich zieht (vgl. Massing 2005, S 503). Jedoch ist dabei zu beachten, dass bei Lernenden niemals ein homogenes Sprachniveau vorliegt, was zur Folge hat, dass eine Erhöhung des Sprachniveaus zu Desinteresse, Abwendung, Ausgrenzung oder gar Ablehnung führen kann. Weiterhin erzeugt ein erhöhtes Sprachniveau bei heterogen ausgeprägten sprachlichen Kompetenzen öfter Fehlperzeptionen oder Verwirrung. Demzufolge ist Massings Feststellung über die Beziehung sprachlicher und fachlicher Qualität um die Berücksichtigung der Heterogenität der sprachlichen Kompetenzen zu erweitern.

---

[2] Die Ermöglichung individueller Konstruktion von Lehrgegenständen im Sinne der Ermöglichungsdidaktik und die Vermittlung von Inhalten im Sinne bildungstheoretischer oder lerntheoretischer Didaktiken schließen sich nach Meinung des Autors nicht gegenseitig aus und sind daher beide aufgeführt.

Eine weitere Bedeutung hat das Gespräch in der politischen Bildung hinsichtlich seines konstruktiven Charakters. Sprachlich bedingte Konstrukte von Realität sind immer individuelle oder soziale Produkte und als solche nicht frei von Interessen und Ideologie. Dies geschieht schon unterbewusst bei der Selektion der Themen und setzt sich selbst bei kontroverser Darstellung von Inhalten, z.B. durch eine logischere Erklärung des bevorzugten Ansatzes, fort. Das Unterrichtsgespräch im Politikunterricht muss demnach immer auf Vorurteile, Ressentiments, Interessen, Halbwahrheiten u.Ä. untersucht werden (vgl. Massing 1999, S.33). Eine Sensibilität der Schüler für die natürlich-individuelle Belastung von Gesprächsinhalten und eine ideologiekritische Einstellung zu entwickeln, muss also unbedingtes Ziel der politischen Bildung und des Gemeinschaftskundeunterrichts sein. Da es im Politikunterricht jedoch nicht ausschließlich um Erlangen solcher Fähigkeiten geht, müssen Unterrichtsmethoden so ausgelegt werden, dass sie auf der Wissens- und der Kompetenzebene Vorankommen ermöglichen. Diese Methodenentwicklung und -anwendung liegt im Aufgabenfeld einer Didaktik der politischen Bildung.

4. Formen des Unterrichtgesprächs

Für Gespräche und ihre gerechte Anwendung wurden natürlich Typologien entwickelt, welche es zunächst Lehrenden ermöglichen sollen, die richtige situative und quantitative Verteilung ihrer angewendeten Typen und Methoden von Unterrichtsgesprächen zu überprüfen, aber auch Unterricht an und für sich zu kategorisieren (vgl. Massing 2005, S.504). Die meisten Autoren nehmen dabei die Lehrerrolle als Unterscheidungskriterium.

Martin Beck unterscheidet zwischen vier verschieden Gesprächstypen (vgl. Beck 1994, S.33f). Das *freie Unterrichtsgespräch*[3], welches jeder Vorplanung des Lehrers entbehrt. Die Unterhaltung gehört zu diesem freien Typ, der jedoch äußerst selten für den Lernprozess genutzt wird, da er keine inhaltliche Bindung vorweist. Das *thematisch gebundene, aber in seiner Form freie Unterrichtsgespräch*[4] hingegen ist wesentlich häufiger. Da diese Form in Verlauf und Ergebnissen frei ist und lediglich das Thema vom Lehrer gestellt wird, eignet es sich besser für fachbezogene Methoden. Dazu gehören u.a. die Talkshow, die Podiumsdiskussion, die Pro-Contra-Debatte

---

[3] bei Massing als *Offene Gesprächsform* bezeichnet (vgl. Massing 1999, S.34)
[4] Massing: *geregelte Gesprächsform* (vgl. ebd)

oder der Bienenkorb. Als dritte Form wird das *im Thema und in der Form gebundene Gespräch*[5] aufgeführt. Dabei wird es den Schülern durch ein impulsiv vom Lehrenden gelenktes Unterrichtsgespräch ermöglicht, auf Basis ihres eigenen Wissens und ihren kognitiven Möglichkeiten eine Problemlösung bzw. eigene Erkenntnisse zu entwickeln. Zu einer solchen Form gehört zum Beispiel das Sokratische Gespräch. Letztlich bleibt noch das *Lehrgespräch*, in welchem der Lehrer das Unterrichtsgespräch in Inhalt und Form bestimmt und beispielsweise durch die Lehrerfrage immer wieder die Aufmerksamkeit erzwingt. Diese gebundene Form lässt sich als Dialog in Frage stellen, da sie eindimensional durch den fragenden Lehrer und den antworteten Schüler charakterisiert ist.

Es gibt weitaus mehr Möglichkeiten Unterrichtsgespräche zu typologisieren. Zum Beispiel kann man nach Inhalt oder nach den Zielen des Gespräches unterscheiden. Solche Formen nennen sich dann u.a. sachklärende Gespräche, meinungsbildende Gespräche, Metagespräche, Erarbeitungs- oder Kontrollgespräche (vgl. Massing 2005, S.505). Die Kategorisierung hinsichtlich der Lehrerrolle scheint jedoch sinnvoll, wenn man Methoden für eine konkrete Unterrichtssituation bezüglich der Aktivitätsorientierung der Lernenden sucht.

5. Die Pro-Contra-Debatte als Methode des Unterrichtsgesprächs

5.1.   Begriffsklärung

Das Medium Sprache lässt aufgrund seiner ausdifferenzierten Struktur eine Kommunikation mit einer hohen Inhalts- und Deutungsvermittlungsdichte zu. Deshalb ist es prinzipiell in fast allen interaktiven Methoden vorzufinden. Hier soll vor allem eine Methode analysiert werden, in welcher das Gespräch ein wichtiges konstruktives Element des Lernprozesses ist.

Eine solche Methode ist die Pro-Contra-Debatte. In der Literatur finden sich ebenso viele Definitionen wie Autoren zu dem Thema. Jedoch stehen bei allen Definitionen zwei argumentative gegenübergestellte Meinungen zur Förderung der Urteilsbildung im Vordergrund. Eine differenzierte Definition ist die folgende: „Die Pro-Contra-Debatte als Methode im Politikunterricht ist eine argumentative Auseinandersetzung, die auf einer alternativ formulierten politischen Problem- oder Entschei-

---

[5] Massing: *fragend entwickelte Unterrichtsgespräche* (vgl. ebd)

dungsfrage basiert und die von zwei Anwälten (Pro und Contra), zwei bis vier Sachverständigen sowie einem Moderator in einer polaren Konfrontation ausgetragen
wird und der Meinungs- und Urteilsbildung der Bürgerinnen und Bürger, Schülerin-
nen und Schüler, Zuschauererinnen und Zuschauer dient" (Kuhn/Gloe 2004, S.145).

Neben dieser sehr ausführlichen Definition gibt es noch allgemeinere, wie die von
Massing, welcher die Pro-Contra-Debatte als eine stark formalisierte und in Regeln
eingebundene sowie simulierte und methodisch zugespitzte Form der Diskussion
betrachtet (vgl. Massing 1998, S.47). Verwandt ist die Pro-Contra-Debatte auch mit
dem Streitgespräch, in dem gegensätzliche Argumente ähnlich erarbeitet und ausge-
tauscht werden, jedoch zwischen Gruppen ausdiskutiert werden (vgl. Gänger 2007,
S.126). Grundlegend ist also die antithetische Struktur der Argumentationsbildung,
um Inhalte und Kompetenzen zu erlangen.

5.2.   Aufbau, Ablauf, Akteure und Auswertung der Pro-Contra-Debatte

Der Ablauf der Pro-Contra-Debatte ist zeitlich und thematisch geregelt, wobei argumentative Inhalte und Ausgang offen sind. Der Verlauf lässt sich in vier Abschnitte
gliedern:

Abschnitt 1 „Themenfindung"

Im ersten Schritt wird durch den Lehrenden oder alle Teilnehmer ein Thema ausge-
wählt. Bei der Wahl des Themas sind mehrere Faktoren zu beachten. Zunächst sollte
das Thema eine Gegenwartsbedeutung oder eine unmittelbare Zukunftsbedeutung für
die Teilnehmer haben, um diese für das Vorhaben zu motivieren (vgl. Kuhn/Gloe
2004, S.148) Des Weiteren ist eine Frage zu dem Thema zu erstellen, welche eindeu-
tig argumentativ mit „ja" oder „nein" zu beantworten ist (vgl. Massing 1998, S.48).
Beispiele wären: „Sollte die Sonntagsarbeit erlaubt werden?", „Sollte der Bundesprä-
sident direkt gewählt werden?" aber auch Themen, welche die Schüler direkt betref-
fen, wie zum Beispiel: „Sollte es in öffentlichen Verkehrsmitteln ein Handyverbot
geben?".

Abschnitt 2 „Aufteilung der Akteure und Materialsammlung"

Anschließend werden entweder durch Los oder Absprache die Rollen verteilt. Dabei
gilt es, zwei Anwälte (Pro und Contra), zwei bis vier Sachverständige und einen Moderator zu finden. Danach geht es darum, möglichst in Kleingruppen, welche sich um

die Akteure versammeln, deren Rollen und Positionen vorzubereiten. Im Idealfall schließt sich eine Pro-Contra-Debatte thematisch an einen größeren Unterrichtskomplex an und die Schüler haben schon ein breites Vorwissen. Sollte dies nicht der Fall sein, müssen die Teilnehmer sich zusätzlich Hintergrundinformationen beschaffen, um darauf ihre rollenspezifischen Argumente aufzubauen. Hierbei geht es nicht darum, die eigene Meinung der Schüler zu vertreten, sondern, dass die Schüler dazu gebracht werden, auch entgegengesetzte Meinungen argumentieren zu müssen. So erarbeiten die Gruppen nicht nur eigene Argumente, sondern antizipieren auch Gegenargumente, auf welche die eigene Position wiederum eingehen können muss (vgl. Gänger 2007, S. 127).

Abschnitt 3 „Die Durchführung"

Nachdem der Raum angemessen für die Debatte eingerichtet wurde, kommt es zur Durchführung der eigentlichen Debatte. Zu Beginn führt der Moderator in das Problem ein, legt die Gesprächsregeln fest und stellt die anwesenden Akteure vor. Er ist während der Debatte verantwortlich für die Einhaltung der Gesprächsregeln, der Zeitvorgaben und für die Fixierung auf das Thema. Bei Verstößen interveniert und korrigiert er. Er bleibt jedoch stets neutral.

Anschließend kommt es durch das Publikum zu einer Abstimmung zwischen dem Pro- und Kontrastandpunkt, um die Verteilung zu ermitteln. Danach folgt ein kurzes Plädoyer der beiden Anwälte, in dem sie argumentativ ihre Standpunkte klar machen. Daran schließt sich eine Befragung der Sachverständigen durch die Anwälte an. Die Sachverständigen haben jeweils einen eigenen Fachbereich, über den sie Auskunft geben, wobei sie nicht ihre eigene Meinung äußern, sondern nur „sachlich" darlegen sollen. Die Anwälte wiederum müssen nach der Befragung versuchen die Antworten der Sachverständigen, so argumentativ in ihr Schlussplädoyer einzuarbeiten, dass sie damit das Publikum für ihren Standpunkt überzeugen können. Abschließend wird das Publikum erneut zu seiner Zustimmung für den Pro- oder Kontrastandpunkt befragt. (vgl. Kuhn/Gloe 2004, S.148 und Massing 1998: S.49)

Abschnitt 4 „Die Auswertung"

Um das Publikum besser einzubinden, kann man dieses eine Art Ablaufskizze der Argumente anfertigen lassen, welche dann für die Auswertung hilfreich sein kann (vgl. Reinhardt 2005, S.204). Zunächst sollten die Hauptakteure die Möglichkeit erhalten ihre individuellen Gefühle, Eindrücke und Erfahrungen mit ihrer Rolle zu äußern, damit sie sich gegebenenfalls von der Rolle distanzieren können und anschließend an einer objektiven Auswertung teilnehmen können (vgl. ebd). Darauffolgend können die Abstimmungsergebnisse ausgewertet werden. Dabei könnten folgende Fragen eine Rolle spielen: Warum ändert sich die Stimmenverteilung oder warum nicht und durch welche Argumente könnte diese Änderung oder Konstante beeinflusst worden sein? Sind noch Fragen offen oder gibt es noch nicht genannte Argumente? War das Verfahren sinnvoll und worin bestanden Probleme? Abschließend könnte jeder Schüler nochmals ein kurzes persönliches Statement zur gesamten Debatte ablegen.

5.3. Probleme, Potentiale und Bedeutung der Methode für die politische Bildung

Allgemein ist die Pro-Contra-Debatte eine vor allem im angelsächsischen Raum angewandte Methode. Erst in den letzten Jahren nahm die Bedeutung von Debatten im Unterricht auch in Deutschland zu.

Eine Pro-Contra-Debatte ist in der Regel eine sehr zeitintensive Methode, da sie neben ihrer eigentlichen Durchführung intensive Vorbereitung und Nachbereitung benötigt. Jedoch können ihre Bedeutung und ihr Lerngehalt diesen relativ großen Zeitrahmen rechtfertigen.

Neben dem Zeitaufwand führt der hohe Anspruch, welchen die Methode an die Teilnehmer stellt, oftmals zu zahlreichen Problemen. Diese beginnen bei der treffenden Themenwahl, führen über Rollenverteilungsprobleme hin zu unzureichender Beteiligung und Desinteresse (vgl. Gäner 2007: S.128). Andere Probleme entstehen oftmals bei der Materialsammlung und -auswertung dadurch, dass entweder zu viel, zu wenig oder die falschen Materialen herangezogen oder zur Verfügung gestellt werden. Weiterhin ist die Pro-Contra-Debatte zwar als gelenkte, also für die Gestaltung offene Form einzuordnen, dennoch verlangt die spezielle im Verlauf strukturdeterminierte Form jener Methode den Teilnehmern viel Eigendisziplin ab (vgl. Reinhardt 2005: S.204).

Sollten jedoch alle diese Probleme überwunden werden, birgt die Methode wahrscheinlich mehr Potentiale als andere Methoden. Die Pro-Contra-Debatte fördert also nicht nur durch die argumentative sprachliche Rekonstruktion von Inhalten deren nachhaltige Verinnerlichung, sondern auch sprachliche und kommunikative Kompetenzen. Dies geschieht zum einen dann, wenn der Moderator sich für eine angemessene Umgangsform sensibilisieren muss, aber auch wenn im Plädoyer die Anwälte ihre Argumente in ansprechender Art und Weise darlegen müssen. Die Teilnehmer erlangen durch die angenommenen Rollen Einsichten in Aspekte, welche ohne den Perspektivenwechsel wohl kaum vergegenwärtigt worden wären. Ebenso wird die Komplexität einer Debatte klar, sodass nicht nur Urteilsfähigkeit über das entsprechende Thema entsteht, sondern auch eine Wahrnehmung von realen politischen Debatten als Interessenausgleich und nicht als „parteipolitisches Gezanke". Es lässt sich also feststellen, dass die Pro-Contra-Debatte alle vier Bereiche der Bedeutung von Gesprächen[6] stark forciert werden. Dazu kommen jedoch noch andere Vorteile, die sich aus dieser Methode ergeben können. Zum Beispiel die Übung eigenständiger Recherche in Bibliotheken, Zeitschriften, Tageszeitungen oder im Internet und damit auch die Förderung von Fähigkeiten im Umgang mit Medien. Weiterhin fördert sie Perspektivenvielfalt und regt antizipatorisches Denken an.

Die Methode der Pro-Contra-Debatte ist also im gleichen Maße zeitaufwendig, anspruchsvoll und bedingungsreich, wie sie auch Potentiale und Bedeutung speziell für den Politikunterricht bereithält.

5.4.   Beziehung zu didaktischen Prinzipien

Die Bedeutung der Pro-Contra-Debatte wird noch deutlicher, betrachtet man diese in Bezug auf die die didaktischen Prinzipien. Didaktische Prinzipien verstehen sich als didaktische Richtlinien um Lerngegenstände Schülern möglichst effizient zugänglich zu machen. Wolfgang Sander stellt dabei fest, dass optimal konstruierte Lerngegenstände und Themen jene sind, welche an den Schnittstellen der didaktischen Prinzipien entworfen und umgesetzt werden (vgl. Sander 2007, S.191). Dies meint nicht, dass nun versucht werden muss, alle möglichen didaktischen Prinzipien zugleich zu verarbeiten. Die Aussage über die „Schnittstellen" zielt darauf ab, dass sich ein Lerngegenstand als nachhaltig konstruiert erweist, wenn er mit Hilfe mehrerer didak-

---

[6] wie in Gliederungspunt 3. erläutert

tischer Prinzipien ohne deren gegenseitige Kollision, also durch zahlreiche Zugangsmöglichkeiten, von den Lernenden erarbeitet werden kann.

Im Falle der Methode der Pro-Contra-Debatte werden verschiedene didaktische Prinzipien verwirklicht. In erster Hinsicht folgt die Pro-Contra-Debatte der Handlungsorientierung, indem sie den Schülern die Gelegenheit eröffnet, aktiv handelnd zu lernen, was vor allem das eigenverantwortliche Handeln fördert. Gleichzeitig berücksichtigt diese Methode auch im Sinne des Beutelsbacher Konsens` das Prinzip der Kontroversität, da durch Pro- und Kontragegenüberstellung sowie den Sachverständigen und den in ihren Urteilen freien Beobachtern eine Vielzahl an Perspektiven entsteht und diskutiert wird. Der Mehrwert dabei ist eine höhere Toleranz der Schüler im Umgang mit unterschiedlichen Perspektiven. Auch ist die Pro-Contra-Debatte im höchsten Maße als exemplarisches Lernen zu bezeichnen. Die Erkenntnisse, welche aus einer Debatte gewonnen werden können, helfen den Lernenden nicht nur inhaltliche Zusammenhänge zu verallgemeinern, sondern auch struktureller Abläufe von politischen Debatten und Interessensauseinandersetzungen nachzuzeichnen und einzuordnen. Letztlich bestimmt das gewählte Thema der Debatte, ob diese auch adressatenorientiert und problemorientiert, also für die Lernenden als ein relevantes zu lösendes Problem erkennbar ist. Wobei Adressatenorientierung Problemorientierung einschließt und es um die Angepasstheit des Themas auf das Vorwissen, die Lerninteressen und -möglichkeiten der Lernenden erweitert. Wissenschaftsorientiert hingegen ist die Debatte lediglich in dem Sinne, dass die Vorbereitung aus wissenschaftlichem Material bezogen und hier selbst forschend gelernt werden kann. Im Idealfall findet sich also in der Methode der Pro-Contra-Debatte eine größere Anzahl an sich ergänzenden didaktischen Prinzipien wieder.

6. Schlussbetrachtung

Gespräche sind in Unterricht und Bildung wahrscheinlich neben der Schrift das wichtigste Medium des Lernens und Lehrens. Egal aus welcher Perspektive man Lernen begreift, alle didaktischen Modellvorstellungen von Bildungstheoretischer Didaktik, Lehr- und Lerntheoretischer Didaktik bis hin zur Konstruktivistischen Didaktik, pflichten der Sprache und dem Gespräch im Unterricht höchste Bedeutung bei. Für die politische Bildung konnte festgestellt werden, dass Gespräche nicht nur als Medium und als Methode, sondern auch als Fachgegenstand große Bedeutung haben. Beispiele sind hier demokratische Interessenausgleichsprozesse, Deutungsprozesse, Kommunikation, Wahrnehmung von Realität (z.B. durch Medien) und die daraus folgenden politischen Handlungsmuster. Die Konstruktion solcher Gegenstände erfolgt jedoch auch in der politischen Bildung durch Methoden. Das Gespräch im Unterricht kann in verschiedenen Formen eingesetzt werden. Dabei ist die Richtlinie der Methodenvielfalt nicht durch den quantitativen Nutzen, sondern durch Anpassung an Bedingungsfelder wie Vorwissen und Fähigkeiten der Schüler sowie Inhalt und konkretes Ziel im entsprechenden Unterrichtsabschnitt, zu berücksichtigen. So ist es zum Beispiel sinnvoll die Methode der Lehrerfrage bzw. des Lehrgesprächs zu Beginn einer Stoffeinheit einzusetzen, um sich ein Bild über das Vorwissen machen zu können. Die Methode des Bienenkorbs hingegen eignet sich eher am Ende von Informationsphasen zur Reflexion des Stoffes. Talkshows, Podiumsdiskussionen oder die Pro-Contra-Debatten sind vor allem handlungsorientiert und eignen sich folglich, um Inhalte konstruktiv zu erarbeiten oder Kompetenzen und Wissen zu festigen. Daraus kann man schlussfolgern, dass es keine universelle Methode gibt und vielmehr die Beherrschung eines breiten methodischen Spektrums Ziel des Lehrenden sein muss, um im richtigen Moment die richtige Methode, die richtige Form des Gespräches, letztlich die richtige Entscheidung, zu treffen.

7. Literaturnachweis

Beck, Martin, 1994: Unterrichtsgespräche. Zwischen Lehrerdominanz und Schüler-beteiligung. Eine sprechwissenschaftliche Untersuchung didaktischer Ansätze zur Unterrichtskommunikation, St. Ingbert

Brauneck, Peter; Urbaneck, Rüdiger; Zimmermann, Ferdinand, 2000: Methoden-sammlung. Anregung und Beispiele für die Moderation, Bönen

Gänger, Sven, 2007: Streitgespräch Pro/Kontra, in: Politik Methodik. Handbuch für die Sekundarstufe I und II hrsg. von Reinhardt, Sybille; Richter, Dagmar, Berlin, S.126-128

Höller, Ernst, 1973: Theorie und Praxis des Schülergesprächs, Wien

Kuhn, Hans-Werner; Gloe, Markus, 2004: Die Pro-Contra-Debatte, in: Methoden-training für den Politikunterricht, hrsg. von Frech, Siegfried; Kuhn, Hanswerner; Massing, Peter, Schwalbach/Ts., S.145-162

Massing, Peter, 1998: Handlungsorientierter Politikunterricht. Ausgewählte Metho-den, Schwalbach/Ts.

Massing, Peter, 1999: Reden - Formen des Gespräch, in: Kursiv – Journal für politische Bildung 2/99, Schwalbach/Ts., S.30-35.

Massing, Peter, 2005: In Gesprächen lernen. Gesprächsformen in der Politischen Bildung, in: Handbuch politische Bildung, hrsg. von Sander, Wolfgang, Bonn, S.498-507

Peterßen, Wilhelm H. 2000: Lehrbuch allgemeine Didaktik, München

Reinhardt, Sibylle, 2000: Unterrichtsgespräch, in: Lexikon der politischen Bildung, hrsg. von Weißner, Georg, Schwalbach/Ts, S 198/199

Reinhardt, Sibylle, 2005: Politik Didaktik. Praxishandbuch für die Sekundarstufe I und II, Berlin

Ritz-Fröhlich, Gertrud, 1982: Das Gespräch im Unterricht. Anleitung-Phasen-Verlaufsformen, Bad Heilbrunn/OBB.

Sander, Wolfgang, 2007: Politik entdecken – Freiheit leben, Schwalbach/Ts